마음에는 적막이 산다

양선빈 시집

시인의 말

나는 적막한 시간을 쓸어 담는다.
시를 생각하면 늘
허무와 연민 속에 갇히곤 했다.
청정한 언어를 찾아
방황하는 내게 시는 늘 멀리 있다.
나의 시에 드리울 새로운 내일을 꿈꾸며
상상의 날개를 달고 미로를 탐색한다.
밤은 깊어 갈 따름이다.

2024년 9월
淵厦 양선빈

차례

시인의 말 005

제1부
길 위에서 1 013
길 위에서 2 014
낫개 방파제 015
옥산을 추억함 1 016
옥산을 추억함 2 017
도시철도 1호선 1 018
도시철도 1호선 2 019
안개마을 우화 020
오동도에 가서 021
대왕암 022
모래 축제 023
을숙도 탐조대 024
마을에는 적막이 산다 1 025
마을에는 적막이 산다 2 026
마을에는 적막이 산다 3 027
낡은 수첩 028
선물의 조건 029
겨울 변방 1 030
겨울 변방 2 031
겨울 변방 3 032

찻집의 아침	033
다대 등대	034
선유도 해넘이	035
낯선 풍경 속으로 1	036
낯선 풍경 속으로 2	037

제2부

보이지 않는 길 1	041
보이지 않는 길 2	042
새벽 달빛	043
달의 산책 1	044
달의 산책 2	045
그날의 미로 1	046
그날의 미로 2	047
그날의 미로 3	048
그날의 미로 4	049
그날의 미로 5	050
슬픈 약속	051
마로니에	052
2월 바람	053
환승역	054

겨울 배롱나무	055
겨울 산책 1	056
겨울 산책 2	057
겨울 산책 3	058
겨울 산책 4	059
겨울 산책 5	060
생텍쥐페리의 겨울	061
가을의 타임머신	062
그날의 물안개	063
가을 실루엣	064
존재의 덫	065

제3부

그믐의 종소리에 기대어	069
입동 무렵	070
봄의 발자국	071
더위의 끝	072
화창한 날의 하오	074
가을 산에 누워	075
가을 속으로 1	076
가을 속으로 2	077

가을 속으로 3	078
가을 속으로 4	079
낙엽에게 1	080
낙엽에게 2	081
달개비 시 동인회	082
또 다른 봄	083
바람개비	084
배롱나무에 기대어	085
별의 개안	086
천둥소리	087
추석날	088
부곡 온천	089
시월의 참사 1	090
시월의 참사 2	091
외출	092
정월	093
집으로 가는 길	094

해설_아름답지만 덧없는 풍경에 눈을 맞추다/**정훈**   095

제1부

길 위에서 1

연둣빛 숲속의 긴 터널을 지난다
적막은 서쪽으로 기울어지고
싸늘한 상현달은
등 뒤로 스며드는 고요의 향기
변방을 휘젓는다
길은 허물어져 내리고
가로수 발자취를 따라가면
영혼을 삼킨 꽃길은 무아지경이다
몽환의 흐릿한 그림자
바람결에 젖어들면
초록 잎들은
간밤에 몰래 가져다 놓은
이팝나무 가지 끝에
전설의 입소문을 내어 걸고 있다

길 위에서 2

야생화 향기 코끝에 스며드는 길을 간다
낯선 골짜기를 따라
끊임없는 떠돌이 발걸음
동풍에 묻어오는 하염없는 들판
그리움은 산등성이에 젖는다
푸른 계곡을 지나서
새하얀 파도가 휘몰아치는
맑은 영혼들의 깃발이
혼돈의 시대를 거쳐 간다
고개 너머 벌판을 나서면
청보리밭 펼쳐진 사잇길이
우렁차게 치솟아
머나먼 마을의 꿈을 새긴다

낫개 방파제

방파제 둑길을 소요한다
적막에 싸인 겨울 바다는
은빛으로 가물거리고
싸늘한 눈바람에 떠밀려
방향을 잃고 헤매는 등 뒤로
외로운 낮달이 섬이 되어 잠긴다
장승처럼 서 있는 등대는
먼 바다를 향한 그리움에 젖는다
폭설 속으로 자취를 감춘 눈보라
물안개 짙은 겨울비에 젖는다
허공을 건져 올리는 태공의 어깨 위로
목선 한 척 발동기 소리 청아하나
낫개 마을이 낮게 원을 그리며
낫 모양을 흉내 내며 엎드려 있다
방파제에 갇힌 물살이
낫개 방향으로 여울진다

옥산을 추억함 1

고택 우듬지를 지나니
휑하니 찬바람 스쳐간다
메마른 나무 둥치에
녹색 이끼가 돋아있고
고목이 긴 팔을 뻗어 제 모습 드러낸다
삭은 옹이 속에서
심연의 절규가 들린다
거미줄 쳐진 길 위에
옛 모습이 자취를 감추었다
눈에 익은 백로 한 마리 날아와 앉아
내 어머니 하얀 모시 적삼 실루엣으로 펄럭인다
낡은 창가에 쌓인 나뭇잎 흘러내리고
노숙자가 된 피라칸사스 얼굴을 붉힌다
떨어지지 않는 발걸음 가던 길 재촉한다

옥산을 추억함 2

귀에 익은 계곡 물소리 들으며
사잇길로 돌아서 가면
자옥산에 걸린 노을이
떠돌이의 발걸음을 재촉한다
창 너머 불타는 가지 위에
붉은 그리움이 흐른다
낮달 뒤에 가려진 서러움
눈시울 붉게 적신다
하현달에 묻어나는 사연
별빛 되어 돋아나고
어둠은 몽환에 젖어든다

도시철도 1호선 1

텅 빈 모랫벌
금방 떠나버린 도시철도
어느새 자신의 흔적을 지운다
분수대 불빛은 꺼지고
숲 사이 파고드는 노을빛에
시선이 꽂힌다
등 뒤로 불어오는 서늘한 바람
설핏 내비치는 바다 같은 하늘
널브러진 솔방울들
산자락 목조계단 오르는 긴 그림자는
탈출한 눈부신 햇살 한 조각에
환희의 플러그를 꽂는다

을숙도는 긴 명상에 젖는다

도시철도 1호선 2

촉촉이 내리는 빗줄기는
계절을 조율하는 마법사
서두르는 발걸음이 젖은 나뭇가지에 기대어
푸른 눈망울에 빛바랜 꽃잎을 내려다본다
빈 능선을 헤메이다
깊은 계곡을 건넌다
허공을 맴도는 막다른 골목
수평을 삼킨 먹구름 하늘을 덮고
잿빛 가을은 다시 출발점을 응시한다
목조 계단을 감싸는 갈대숲이 목례를 하고
뒤돌아보는 도요새의 목덜미가 눈부시다

하구언의 긴 시선이 강물을 재촉한다

안개마을 우화

갯버들 머리 풀어헤친
강변 둑길을 따라간다
막다른 골목에는
포구나무가 터줏대감으로 서 있고
안개마을이 스멀거리며
깊은 잠 속에서 기지개 켜고 있다
안개의 때가 켜켜이 묻어나는
낡은 기와지붕 아래
망사 그물을 짜고 있는 왕거미 가족들
덫에 걸린 짙은 안개와
정신줄 놓은 하루살이가 흐느끼고 있다
달빛에 숨은 별들은
칠흑 속을 헤매고
요란한 강바람 포구나무에 걸려
먼 수평선을 끌어당긴다
밤사이 나뭇잎에 내려앉은
안개비는 내 어깨를 치고 내려앉는다
안개마을 아침을 깨우는 햇살은
잿빛 덫에 걸리지 않고 쓰러진다

오동도에 가서

동백 만발한 둔덕을 오르면
물이랑처럼 일렁이며
붉은 꽃잎이 피어오른다
섬을 휘돌아 가는 통통배 언저리
하얀 물거품이 치솟다가
짙푸른 하늘이 내려와 바다와 하나가 된다
산길에는 동백꽃 흐드러지고
딛고 가는 발걸음도 붉게 젖는다
마른 나뭇가지 손을 흔들고
능선을 쓸어내리는 찬바람 소리에
옷깃을 여민다
해안선은 동백 꽃길에 짖어
얼어붙은 마음을 녹인다
따뜻한 심장 속으로
화사한 꽃잎이 피어난다

대왕암

초여름 수국을 따라간다
바람길은 출렁다리를 건너고
안개 자욱한 바다의
벼랑 끝을 휘어잡는다
땅찔레 면류관을 두르고
바위벽을 더듬는다
절벽의 파도 소리에 묻혀
황톳빛 바위를 헤맨다
바닷가 바람벽으로 우뚝 서
작은 산이 된 흔적의 바위섬
상처투성이 나이테가
세찬 바람 앞에서 버티고 서있다

모래 축제

잠들지 않는 여름밤
하얀 파도의 그림자가 들락거리며
기나긴 해변의 사연을
썼다가 지우고 지웠다가 또 그린다
수없이 파도가 밀려와도
모래성은 쓰러지지 않는다
아이들은 두꺼비집을 짓고
만리장성을 쌓는다
불꽃은 검은 바다 위를 적시고
환상의 도시를 지어 올린다
꺼지지 않는 불빛은
떠돌이들의 함성을 유혹하고
화사한 모래무지는 어둠 속에서 꿈을 쌓는다

을숙도 탐조대

마른 갈대 사이
철새 떼가 늪을 건너간다
도시의 변방이 시리다
좁아지는 너의 영역 앞에서
겨울을 닮아 하얀 눈꽃을 걸친
고니들의 자태가
낡은 목선을 타고 간다
서낙동강 남쪽 끝자락
모래무지는 핏빛이다
먼 길 돌아온 늪지대가
하얀 깃털이 내려앉은 너의 등 뒤로
메아리 되어 일렁인다
도요새 우짖는 을숙도 연안
청아한 울음이 선명하다

마을에는 적막이 산다 1

흐드러진 꽃길은
저 혼자 바스락거린다
낮은 소리는
풀잎으로 뒤엉키고
서로 부딪히며 아는 체 한다
바람이 지나가는 흔적은
소란스레 남아있고
민들레꽃은 모두 떠나버렸다
고요를 삼킨 봉분이 내려다보고
빠른 시간은 사계절을 서둘러 불러들인다
때로는 적송 끝에 달빛 걸어두고
밤마다 별빛 찾아와 반짝인다
솔방울 던져버리는
세상 소음은 등 뒤로 숨는다
가끔씩 초대받은 비구름
처마 끝에 내리는 낙숫물 돋아난다

마을에는 적막이 산다 2

아스팔트 불빛 사이
빗줄기 내리고
어둠을 흔드는
섬 한가운데서 도시는
안개 속 베일에 싸여 있다
공중 부양의 아파트 섬은
붉은 점멸등 앞에서
낯선 여로를 따라 흐른다
자석처럼 이끌려가는
자욱이 꽃비 내리는 길 위에서
가끔 신화 속 꿈을 꾼다
들려오는 건조한 목소리는
몸서리치는 외로움에 젖어
주체할 수 없는 그리움을 피워 올린다

마을에는 적막이 산다 3

새벽을 흔드는 산자락이 호젓하다
뿌리는 빗소리는 어둠을 뚫고
발자국 소리 되어 창문을 넘는다
불면을 달래는 어둠이 짙어 가면
안개는 자욱이 하늘을 덮는다
그대의 덫에 걸려
무인도에 갇히면
바다는 산길을 헤매며 소리친다
알 수 없는 세상은
파도 속에서 그대를 찾아 나선다
치자꽃은 향기 가득히
유월을 상식하고
이정표 없는 길을 찾아 헤맨다
드디어 붉은 햇살이 천지에 피어오르고
해협 끝머리 어느 모롱이에서
눈부신 오로라가 타오른다

낡은 수첩

밤새 먼 길을 달려왔다

봄 햇살 한 상 가득 펼치고
퍼즐 놀이에 바쁜 너는
연둣빛 세상을 조각한다
삭막한 정원을 걷어 올리면
오래된 수첩은 봄바람에 책장을 넘긴다
묵은 수첩 속에서 소식을 알 수 없는
옛 벗의
빛바랜 사진 한 장 흘러내린다
상사에 시달리어
영혼 없이 바람에 흔들리고
너는 긴 시간
묵은 향기 속으로 젖어든다
시간 속에 묻혀 흐려진 추억 한 장
너는 낡은 시간을 흡입하고 있다

선물의 조건

　입추에 밀려난 햇살 한 줌 페리칸사스 붉은 가지에 걸려있다 북극성이 가물거리는 하늘을 처음 만나는 날 나는 촛불을 켠다 시샘이라도 하듯 구름에 가려진 하늘 심술을 부린다 꼬마 녀석 문방구에서 사 들고 온 마술의 돋보기 귀한 선물이다 4명의 꿈나무 꿈이 들어 있다 투명 유리알의 세계 선생님 의사 장군 화가 고사리 손으로 삐뚤빼뚤 손편지 상처 난 가슴에도 그대의 마음속까지 들여다보는 별빛 되어 빛난다 꿈꾸는 눈망울 속에 새로운 바닷길이 열리고 나는 밤새워 4개의 별을 찾아 헤맨다

겨울 변방 1

겨울을 끌어당기는 차가운 햇살이
여윈 나무 끝자락을 휘젓는다
켜켜이 쌓여있는 갈색 이불을 덮고
한낮을 태운다
커튼 사이로 스며드는 저녁녘
산등성이를 오르고
짧은 햇살에 밀려 수평선 허물어진다
늪지대를 걷는 갈잎
깊은 숲속을 헤맨다
밀려오는 어둠에 외다리 물총새 눈에 밟히고
별빛 스며들면
시작과 출발은 어둠 속에 잠긴다

겨울 변방 2

마가목 붉은 열매의 옷자락을 따라간다
간밤에 내린 비는 마른 땅을 적시고
젖은 치맛단 사이로
해안선 긴 그림자 밟으며 간다
목조 출렁다리 건너
하얀 바다를 적시고 술렁거리는
발자국 소리에 귀 기울인다

수첩 뒤적여 겨울바람을 꺼내어 본다
황톳길 휘돌아 가는 길목엔
회오리 돌기둥 되어 마른 잎 휘날린다
작은 마을의 골목에서
흰머리 노파가 계절을 팔고 있다
산모롱이마다 숲들이 침묵하고
지친 사내가 아득한 수평선을 끌어당긴다

겨울 변방 3

예고도 없이 불쑥 뛰쳐나온 야생 여우가
빙판 위를 헤매고 있다
마을 어귀 키 큰 상수리나무가
앙상한 팔을 흔들며
선 채로 장승이 되어 첫눈을 맞는다
봄인 듯 유혹의 착각 속에 얼음꽃을 매달고
오솔길은 먼 길을 떠난다
입동 무렵 햇살이 싸늘하다
강가의 갈대 흐르는 물빛 따라
제 모습 드러내고
투명 거울 속으로 잠수를 한다
설핏 숲을 스쳐가는 마을 변두리
후박나무 빈 가지가 계절을 날려 보낸다
아이들은 저만치서 왁자지껄
시린 손등을 불고 있다
길은 넘어졌다가 다시 일어선다

찻집의 아침

하늘을 드리운 겨울 바다
찰랑거리는 해안선을 걷다 보면
발걸음 멈추는 커피 향기에
변방의 통유리 집으로 들어선다

예고 없는 비 소식
산간 지방에는 폭설이 내린다고 한다
눈 덮인 마을
하얀 눈 뒤집어쓰고
숫눈길 밟던 한때를 떠올리며
원두의 진한 향기에 젖는다
박새들은 수다 삼매경에 들고
먼 나라의 싸늘한 소식을 들으며
나의 기억은 눈 속에 묻힌다

다대 등대

차가운 바람길이 바다를 건넌다
치솟아 오르고 싶은 욕망은
가는 길 막아선 테트라포드 사이를 잠재우고
밤새 불면으로 지샌 등대
새벽녘 깊은 잠에 젖는다
바다 위에 투신한 별빛들
작은 섬 자락으로 내려앉아 침잠한다
방파제에 걸터앉은 파도는
육지를 꿈꾸는 물길을 내고
어둠 속에 가물거리는 뱃길 따라
떠나는 목선들 유혹한다

나는 이정표가 된 그대 앞에 우뚝 선다

선유도 해넘이

일몰을 기다린다
빛을 찾아 떠나가는
낯선 바람길 위로
피라칸사스 알알이 반짝인다
뜸해진 발걸음 소리 흔적을 따라
일상의 평화가
겨울 바다 별빛 되어 일렁인다
창가에 부딪는 저녁 햇살이
붉게 타오르며
어둠 속으로 꼬리를 내린다
헤매는 길목에는
빛바랜 잎들 소음 속으로
짙은 노을이 물살 위에 가라앉는다

낯선 풍경 속으로 1

겨울 바다를 담금질하는 바람결
싸늘한 달빛이 저 혼자 휘청거리고
적막을 허공 깊숙이 던져 놓는다
긴 그림자 에워싸고
찬바람 불어오면
따스한 햇살 한 자락 쓰러진다
흔들리는 마음은 언제나 제자리걸음이고
빛살을 당겨와 퍼뜨린다
바닷새들이 군락을 이루며 자맥질한다
젖은 깃털 털어내고
푸른 꿈은 먼 바다 위를 달린다

낯선 풍경 속으로 2

넓은 들판으로 나선다
멀리 몽환의 해안선이 걸려 있고
마른 숲 광장을 지나
이정표 없는 길을 간다
울타리 너머 장미 한 송이
유혹의 손길 멈추지 않는다
산사에 걸려있는 목어는 졸고 있고
떠돌이들은 끝없는 방랑의 길을 떠난다
헤매는 길 위에서 스님들의
깎은 머리가 햇볕에 반짝인다
그대 어깨는 비스듬히 기울어지고
입술에서는 거침없이
반야바라밀다심경을 뱉어낸다
길은 허공 속으로 숨어버린다

제2부

보이지 않는 길 1

아우성 소리가 골목길을 휘젓는
늦은 가을 저녁이다
해독할 수 없는 아픔은
상처로 남아
낙엽 사이로 켜켜이 스며든다
싸늘한 바람은 가을을 걷어내고
경로를 이탈한 작은 새 한 마리
차가운 길바닥에서 파닥이며
길을 헤맨다
검은 바다 위 집어등은 별빛 되어 찬란하고
너는 따뜻한 햇살을 찾아
보이지 않는 길을 나선다

보이지 않는 길 2

배롱나무 붉은 꽃잎을 태우는 한낮
설익은 낮달은 미동도 하지 않는다
보이지 않는 출구를 찾아
지상을 태울 듯 타는 열기는
미로를 찾아 나선다
세상은 흔들리고 있는 소음들 사이를 지나
허우적거리는 늪지대를 지나간다
길섶의 이슬에 젖은 작은 풀잎 되어
어둠의 긴 터널이 스치듯 지나가기를 기다린다

시원한 새벽을 열고 고기잡이에 나선 어부들은
만선을 꿈꾸고
너는 어느 행성의 별을 찾아
긴 꿈을 꾼다

새벽 달빛

싸늘한 바람은 적막을 몰고
빈 나뭇가지 흔들며
메마른 나무 아래 마른 풀잎 들썩인다
그 끝에 서 있는 너는
노을의 발자국 따라
흔적을 찾아 잠수를 한다
어둠 속을 헤매는 하현 달빛
프리즘 되어 흐른다
싸늘한 조각 달빛은 빙하처럼 가라앉고
새벽의 찬바람을 끌고 간다
추억의 작은 조각 희미해지면
사라진 너의 흔적 까맣게 잊고
눈부신 햇살을 꿈꾸고 있다
길은 아직 눈발 위에 누워있고
나는 끝없는 지평을 향해
걸음을 옮긴다

달의 산책 1

하현달이 초여름 밤을 끌고 간다
검은 수평선 넘어
집어등 불빛이 줄을 서고
향방을 알 수 없는 갯냄새에 젖는다
도열한 나무들 사이로
달그림자는 물살을 자아올린다
흐릿한 외등은 허리를 굽혀
주술에서 풀려난 불빛 사이를 들썩인다
적막은 미로를 따라 허공을 맴돌고
낮은 마을로 향한다
불면의 밤을 뒤척이던
희미한 물안개는 빗장을 열고
끝없는 허공을
빈손으로 휘젓는다

달의 산책 2

마을을 내려오면 산수국이 맞아준다
다소곳이 내려앉은 꽃잎 위로
들려오는 보랏빛 발자국 소리에
달빛이 젖는다
구름 한 자락
수국의 눈동자에 스며들고
나는 수국의 해맑은 숨결에 안긴다
휘청거리는 목조다리를 건너
해안선 계단을 오르자
하늘은 멀리 뻗어 있다
밀려오는 어둠이 달빛을 걷어내며
적막을 담금질한다
수국의 뜨락에 발을 담근 나는
별빛을 받으며 몽환에 잠든다

그날의 미로 1

치솟아 오르는 불길은
청솔가지 매캐한 연기에
달빛을 삼킨 구름 사이로
대나무 숲 다리를 놓으며
허공을 헤맨다
바람결을 타고 타오르는
불길 속으로 재빠른 손길이
일상의 나쁜 추억들을
모두 지워버린다
수평선 너머까지
조절되지 않는 그리움으로
만선이 된 목선
너는 다시
숨겨진 너의 빛을 찾아
길을 나선다

그날의 미로 2

남쪽으로 팔을 내밀어 본다
소리 없이 내리는 폭설이
머리 위로 쌓이는 저녁
아이들이 떠난 골목길에
적막을 쌓아 올린다
거미줄 되어 헝클어진 길 위로
조율되지 않는 고독 불러들이고
쓸쓸한 깃을 내린다
허공을 맴도는 바람은
그날의 그림자를 찾아
다시 신발 끈을 조여 맨다

그날의 미로 3

작은 고깃배
하얀 포말 일으키며
숨 가쁘게 달려온다
저녁 으스름 수평을 가린
잿빛 바다는 몸을 감춘다
심연 깊숙이 유영을 하던 고기 떼
아낙네는 좌판 위에 줄을 세운다

식탁 위에 왕자로 앉아
허공에 뿌린 향기는
식욕을 불러들인다
한상 차려진 바다
아득한 파도가 긴 호흡을 남긴다

그날의 미로 4

경로를 이탈한 달빛은
바닷가 언덕을 넘어 계곡을 건넌다
은빛 가루를 뿌리며
창밖을 기웃거리던 그대는
어느 행성의 별빛을 찾아 나선다
여린 가지 끝의 꽃망울
얼음꽃으로 다시 피고
몽환의 싸늘한 그림자로 남아
찬란한 봄을 꿈꾼다
역주행의 바람에
그대는 가장 어두운 곳에서
빛나는 말에 기대어
출발의 손을 흔든다

그날의 미로 5

박태기나무 마른 열매 서걱이는 소리가
싸늘한 바람길을 내며
지나가는 달빛 불러들인다
방황하는 길 위에서
허공의 곡예사가 되어
몽환의 바다 위를 걷는다
되돌아가는 한랭전선이
거리를 뛰쳐나간 마른 낙엽 위로
낡은 신발 뒷축을 끌며 걸어가는
노인네의 뒷모습을 닮아 있다
밤새 뒤척이는 소리 소란스럽게
동면의 그림자 걷어내고
매화마을에 3월의 폭설이 내린다
보도블록 틈 사이로 푸른 싹 움터 나오고
별을 찾아 헤매는 불면의 밤에 젖어든다

슬픈 약속

초여름은 비바람을 몰고 온다
휘어진 작은 가지 위에서
울지 못하는 나는
마음의 굴곡을 따라 흘러내리고
7년 기다림으로
어둠의 긴 터널 속에서
다시 태어난다
슬픈 매미는 폭풍의 숲에서
허물어져 내리고
깊은 수렁 속으로 추락한다
칠흑의 동굴 속에서
너는 푸른 숲속을 헤맨다

마로니에

바람은 계절을 끌어당긴다
화면 속에는 첫눈이 내리고 있다
마른 잎들은 빛바랜 옷을 걸치고
긴 터널을 건너는 티켓을 끊는다
나는 공간을 넘나드는 시간을 조율하고
고양이는 접어 올린 틈 사이로
별빛을 끌어내린다
낙엽은 상고대 내려앉은 가지 끝에서
동면을 하고
너는 겨울 열차를 탄다

미화원은 떨어진 잎을 쓸어내리며
한때 겨울로 가는 열차에 오른다

2월 바람

2월 바람은
애잔한 소망을 피워낸다
햇무리 퍼지는 싸늘한 빛이 눈부시고
밀어 올리는 아침은 선명하다
옷깃을 여미는 한기가 뼛속을 파고 든다
적막 속에 갇힌
냉동실 보관함의 마음 한 자락
봄 햇살을 꺼낸다
펼쳐진 따뜻한 길을 내며
젖은 빗발 걷어낸다
허공으로 맴도는 길을 따라
몽환의 들판을 달린다
냉기 풀어헤친 자리에
손 흔드는 매화 꽃잎
한겨울 슬픔 녹이며
2월 바람이 곡예를 한다

환승역

출구를 찾아 미로를 헤매다
낯선 환승역에 불시착한다
스산한 바람이 가면을 쓰고
온몸으로 스며든다
쏟아지는 별은
풀어놓은 어둠을 끌고
고비사막을 걷는다
타들어 가는 목마름은 오아시스를
기다리는 바램으로
출구를 찾아 미로를 나선다
별을 찾아나서는
생택쥐페리의 어린 왕자가 되기도 하고
한 점 붉는 가로등이 되기도 한다
늙은이들은 잊어버린 그림자를 찾아 헤매고
긴 한숨을 내 쉬는 여자들은
이정표를 따라
지시등이 없는 한계까지 몰려간다

겨울 배롱나무

젖은 가지 사이를 비집고
맨살의 초라한 행색을 다독인다
찬바람에 아린 기억 지우며
그대는 숨죽이고 서 있다
직진하는 등 뒤를 흔들며
햇살은 바람 소리를 밀어낸다
공허한 마음속을 위무하며
점멸등이 휘돌아 나가고
산모롱이 길을 건너간다
하나둘 불빛 건져 올리며
물속에 잠긴 봄을 바라본다
그대 삭막한 어깨 위에
작은 등불 밝히는 눈시울이 젖어든다
강 건너 손 흔드는 꽃술
손끝에 피어나길 기다린다
한꺼번에 태울 불꽃 안으로 준비하며
산비탈에 서서 가슴앓이한다

겨울 산책 1

담벼락 햇살은
정오의 긴 그림자 따라간다
후박나무 가지 사이로
시린 강바람 일렁이고
흔적은 적막을 끌고 가는 토르소가 된다
너의 어깨 위에
초라한 행색은
푸른 추억을 불러들인다
먼 바다는 프리즘 되어 침잠하고
빛을 건져 올리는 등대가 된다
수군거리는 소문을
바람에 묻어 둔다
길섶의 마른 풀잎 손을 내밀면
쏟아지는 별빛들의 수다는 어둠을 밝히고
허공 속으로 적막이 잦아든다

겨울 산책 2

밤새 내리는 빗줄기는
작은 우듬지를 만들었어
경계를 허물어 내린 수평선이
그대 시선 멈추는 곳에
젖은 나뭇가지 사이를 헤집었어
아득한 해안선은 작은 섬 하나 걸었어
온밤을 뒤척이던 찬바람이
먹구름 따라 이동해 가면
삐거덕거리는 생의 수레바퀴가
신년의 빈 들판으로 달려갔어
도열한 나무들의 묵념은
새해의 어릿광대가 되어
광란의 춤을 추었어
바다는 맑은 영혼을 불러들여
푸른 날개를 꿈꾸었어

겨울 산책 3

해안선을 따라간다
물안개는 도열한 마른 나뭇가지를
흔들어 대고
자욱이 일어서는 바다 위
흐릿한 도요새의 울음소리가
날개를 달고 허공을 끌어 올린다
붉은 햇살의 등판을 흔든다
낯선 항구에 기대어 선 낡은 배
물살은 바람살의 항해하는 시간보다 오래다
녹슨 갑판 위로 찢어진 깃발 펄럭이고
이정표 없는 길을 배회하는 매 한 마리
찬바람에 깃을 날린다

이른 아침이 해안선에 걸려있다

겨울 산책 4

먼바다는 허공을 길어 올리는
바닷새를 날려 보낸다
빈 수평선을 끌어당겨
마른 숲 사이를 지나간다
인기척 뜸하면 출렁이는 목조 다리 건너
별빛들 촘촘히 불러들이고
구름 떼 몰고 가는 하늘은
겨울 열차를 탄다
떠돌이들은
어느 스타벅스 창가를 기웃거린다
마스크에 가려진 시간들
밀린 수다는 적막을 삼키고
잃어버린 언어들이 허공에서 출렁이면

바다의 끝자락은 강물 속에서 다시 태어난다

겨울 산책 5

매화 봉오리 눈을 뜨는
겨울 뜨락
봄의 문턱을 넘어선 환상에 젖어
맨발로 걸음을 옮긴다
먼 곳의 바람 소리에
계단을 오르는 산자락
고목나무 가지 끝
연둣빛 푸르름이 일렁인다
홍매화 여린 가지는 얼음살에 젖어 있고
늦은 겨울의 정적에 쌓인 그늘이 적막하다
목련화는 기지개를 켜고
나는 겨울의 길목에 서서
봄을 향해 손을 흔든다
달려오는 여린 바람이
나의 목덜미를 휘감는다

생텍쥐페리의 겨울

가물거리며 멀어져가는
그대 뒷모습을
블랙홀로 흡입한다
헐벗은 나무들 사이로
눈바람 몰려오는 소리가 술렁인다
저녁 어스름 아이들 웃음소리 허공을 가르고
날카로운 엄마의 소리 들려오면
잊었던 골목길의 그리움 건져 올린다
싸늘한 바람이 전신을 휘감고
머물지 못한 정적에 갇힌다
기대어선 가랑잎들의 아우성이
한차례 지나가고
소용돌이가 되어 겨울을 몰아온다
바람벽에 걸린 어린 왕자의 별빛들은
긴 밤 골목길에 스며들고
하현 달빛 젖은 그림자 밟으며
낯선 풍경을 스캔 중이다

가을의 타임머신

뜨락으로 뛰어내린 가을은
잿빛 허공 자락에 빗물 되어 젖어 들고
검은 바다 위를 건너는 별빛 건져 올린다
퇴색되는 시간의 등 뒤로
옷깃을 파고드는 천년의 한랭전선은
붉은 담쟁이넝쿨 어깨에 기댄다
푸른 줄기 따라 길을 내고
소멸된 아픈 조각을 찾아 나선다
나는 희미한 불빛 그림자 뒤에서
얼룩진 파편들로 일렁인다
푸른 날의 상처 난 자국들은
싸늘한 바람의 몽환에 젖는다
너는 환상에 젖어
난파된 꿈들을 모자이크 한다

그날의 물안개

겨울 아침 안개 자욱이 피어오른다
바다를 뒤척이며 파도가
작은 불꽃을 켜고 날아오른다
너럭바위 불어오는 바람에 걸터앉아
망부석이 된다
먼 바다로 날아간 새들을 기다리며
두 눈에 환한 불을 밝힌다
맑은 눈동자가 어미의 가슴에
환상 되어 피어오른다
그리움을 퍼 나른다
비움의 아쉬움에
시린 손끝 내밀고
빈 가지 아래로 그림자만 혼자 일렁인다

가을 실루엣

절규의 목소리가 소리 없이
저녁 어스름을 풀어놓는다
휘청거리며 늘어선 좁은 길목
수은등 불빛이 해안선을 걸어간다
무대 위에는
거리의 악사들을 불러들여
떠돌이들을 위한 축제가 열린다
국화꽃 향기 자욱한
우주 끝 한쪽 귀퉁이에서
흐르는 강물에 투영된 우듬지
야유회를 즐기는 왜가리 한 마리
붉은 물빛에 젖는다
저녁 실바람을 찾아 뚜벅거리며
서성이는 사람들 뒷모습이 쓸쓸하다

존재의 덫

달빛이
빈 가지 위에서 홀로 흔들린다
세상을 밟고 지나가는 햇살
따가운 푸른 날의 꿈은
안으로 가득히 잠재우고
마른 이불 덮고 언 발 녹인다
한 겨울밤 존재의 슬픔은
매화 환상에 젖는다
폭설 덮인 눈길을 지나 다가올
그대의 향기
동백길 강둑을 가르는 바람은 쓰리다
반짝이는 별빛에 잦아드는 먼 길이
뿌리를 내리며 흐른다

제3부

그믐의 종소리에 기대어

성당의 첨탑 언저리에서
깊은 밤 울려 퍼지는 종소리
허공을 가른다

저녁 어스름 적막이 잦아들면
잿빛으로 가라앉은 거리
무표정의 시선들이 발걸음 바쁘다
부추기는 바람이 길을 서두르고
헐벗은 마른 가지들이
적멸에 든다

늦가을을 망각한 작은 장미꽃
애처로운 꽃잎 위로
북극곰자리 밤하늘을 뒤척인다
찬바람 불러들이는 그대 마음 밭
나는 호젓이 눈발을 흩뿌린다

입동 무렵

머물러 있기엔 바쁜 시간이다
방파제 둑길 너머
긴 터널을 빠져나가면
뒤돌아 가는 모습 아득하다
푸른 얼굴을 고집하는 너의 머리칼
갈색 끝으로
찬 서리 하얗게 내려앉는다
발아래 쌓여있는 잎사귀들의
아픈 이야기
찬바람 빗물에 젖어
생의 서러움 흘러내린다
떨쳐버린 빈 가지에
환한 햇살 한 줌 내어 건다

봄의 발자국

늙은 목조 계단을 오르는 소리는
퇴행성 관절염을 앓는 너를 닮아있다
잿빛 도시를 지나가는
어두운 그림자는 하늘을 덮고
햇살을 삼킨 등 뒤
암울한 정적 속으로 시린 바람을 밀어 넣는다
그늘진 한켠에서
침묵 속에 잠긴 여린 가지
흔들어 깨운다
숲을 떠나간 철새들 불러들이고
다시 울창한 푸른 숲을 꿈꾼다
밤의 그림자가 지나간 해변가에 서서
너는 봄의 발자국 소리를 끌고 온다

더위의 끝

여름의 끝자락을 헤매는 바람이
해변을 휘도는 동안
처서에 등 떠밀린 삼복더위가
숲이 익어가는 가지 끝에서
들판을 흔들고 있다
저만치서 가을이 서성거리고
버섯 구름이 잿빛 물감을 풀어
바래져가는 도화지 위에
푸른 하늘을 덧칠하고 있다
밤낮을 모르고 울어대는 매미는
온갖 통곡소리를 쏟아놓고
여름이 떠나가는 뒷덜미에
휘모리 한 가락 뿌린다
배롱나무는 지천으로 붉은 꽃잎을 매달고
불타는 계절을 불러온다
견우와 직녀의 징검다리를 건너
가을 소원을 퍼뜨리며 오는 사람들
무더위에 지쳐가는 여름을 밀어낸다
강아지풀을 흔들며 지나가는

맑은 햇살은 들판을 누비며
걸어오는 물든 산을 손짓한다

화창한 날의 하오

작은 창으로 들어오는
저녁 햇살이 싱그럽다
사라사테의 지고이네르바이젠 선율이
적막을 삼키는 저녁 무렵
너는 타임머신을 타고
멋진 정원을 가진
정원사의 초대를 받는다
끊어질 듯 이어지는 선율을 타고
푸른 허공 속으로 날아오르는
바람결을 따라 한 마리 새가 된다
다시 비상의 꿈을 꾸면
장미 정원의 붉은 피가 용솟음친다
너는 집시가 되어
뜨거운 심장은 긴 사랑의 꿈을 꾼다
저녁노을이 선연한 붉은 빛을 띠며
너는 낮은 마을 그림자가 되어
어둠 속에 잠긴다

가을 산에 누워

가는 길 서두르는 늦은 잎들
시린 바람 밀려오는 저녁나절에
커다란 이파리 하늘을 덮는다
사막을 건너는 등불을 켜고
먼 곳을 우러러본다
동상이 되어 앉아있는
그대 뒷모습이 눈에 밟힌다
개기월식은 환한 달빛을 기다리며
물든 마로니에 굴러다니는 계절에
집시 여인을 사랑한
노트르담의 종지기는
성당의 첨탑 위로 종소리가 되어 울려 퍼지고
긴 계절의 길목을 건넌다

너는 빈 나목으로 앉아 다음 계절을 꿈꾸며
가을바람에 흔들린다

가을 속으로 1

구름에 가려진 우울한 마음은
더없이 푸른 가을 햇살을 내려놓는다
허공을 배회하는 금목서 향기를 찾아
흐르는 강물이 된다
채워지지 않는 그리움의 마음은 피어오르고
이루어질 수 없는 사랑을 꿈꾼다
꽃무릇 머리 위로
솟대 되어 풀어내는 단풍잎은
흘러내리는 꽃잎을
깊어 가는 가을 속으로 날린다
푸른 하늘은 긴 터널이 되어
사라져 가는 향기를 찾아 나선다

가을 속으로 2

마음속 깊이 가라앉은
그리움이 일렁인다
나는 유리 벽 너머
기억 저편으로 휘돌아 나간다
어제보다 먼 길을 넘어
정적은 어둠 속에서
환상을 꿈꾼다
비밀에 싸인 달빛은
구름 사이로 암초에 부딪혀
긴 그림자 불러들인다
하나둘 돋아나는 별빛들은
숨은 허공이 되어 흐른다
마음 깊은 곳에 비가 내리고
흐르는 물줄기 따라 섬으로 간다
나는 연어가 되어
다시 돌아올 날을 꿈꾼다

가을 속으로 3

적막한 허공을 흔드는
새 한 마리 공중 비행을 한다

작은 도서관이 있는 막다른 골목길
소란스러웠던 의자 위에
갈잎이 서성인다
억센 나뭇가지 정수리엔
공허로운 바람이 일고
겨울을 재촉하는 비에 젖어
가는 발걸음 무겁다
생활이라는 굴레 안에서 길들여진 일상은
같은 페이지를 넘기면서 다르다고 한다
먼바다를 적시는 불빛은
별이 되어 수부들의 만선의 꿈을 건져 올린다

가을 속으로 4

경사진 길은 어수선하다

아침 햇살 벽면에
걸어 놓으면
창을 넘나드는 빛줄기
어제보다 다른 오늘을 기대한다
윤슬 위로 내려앉는 햇살 일렁이고
고뇌의 바닷속으로 침잠한다
골목길은 검은 장막 드리우고
시월의 바람 아우성 소리 흘러내린다
오르막을 오르는 어둠 속으로
불빛은 프리즘 되어 흐르고
싸늘한 그림자는 깃발 되어 펄럭인다

낙엽에게 1

지하 환승역
뿔뿔이 흩어지는 사람들
긴 터널을 지나서 길을 따라간다
개미집 찾아 미로를 나선다
텅 빈 대합실 4번 출구
빈 나뭇가지 끝에 앉아
상현달처럼 일렁인다
잎들의 상처가 술렁이는
수북이 쌓인 거리를 걷는다
절규가 그림자로 남아
누군가의 책갈피로 돌아와 조용히 접힌다
그대의 눈길에서
긴 몽환에 젖어 봄날의 꿈을 꾼다

낙엽에게 2

잿빛 거리를 배회하던 어둠은
일렁이는 적막을 삼킨다
밤새 귓전을 적시는 빗소리에
불면으로 새벽을 맞이하고
이른 산책로를 나선다
작은 우듬지에 푸른 하늘이 내려앉아
찬바람에 등 떠밀려
비켜선
겨울나무여

철새 떼 불러 모아
긴 엽서를 띄운다

달개비 시 동인회

나는 일상이 그리운
달개비 빛 하늘을 연다
흰 구름 헤집고 나온 햇살 틈으로
빗장을 걸고
엇갈린 일기 예보는
적막 속에 가라앉는다

낯선 길을 건너서
알 수 없는 세상 속으로 걸어간다
또 다른 해후의 인연
바람의 수다를 듣는다
작은 길 위의 세상
각자의 길을 걸어서
속살거리는 숲속으로 스며든다

또 다른 봄

해안선을 배회하는 새 한 마리
먹구름 헤치며 허공을 끌어당긴다
봄 물살은 멀리 바지선의 포말 삼키며
미끄러져 들어간다
공유할 수 없는 벗은 나무들은
둥치 사이로
마른 가지들의 아픈 상처 추스린다
목련화는 응달에서 폭죽을 쏘아 올리고
꽃잎들의 아우성은
미로를 찾아 헤매고
또 다른 오늘을 낯선 세상으로 풀어놓는다

그대는 또 다른 봄의 새로운 출발선에 서 있다

바람개비

너는 적막 속에서 재충전을 기다린다
비탈길을 오르고 능선을 너머
배롱나무 타오르는 열기 속으로
바람의 길을 낸다
울창한 숲속의
작은 카페에 들어서면
바람은 머리 위에서 허공으로 치솟아 오른다
팔랑거리는 손짓을 내저으며
은은한 흔들림으로 너의 곁을 맴돈다
뜨거운 열기는 바람이 되어
다시 푸른 하늘을 날아오르고
먼 구름에 닿을 듯
그대 영혼이 부풀어 오른다
그대가 벌리는 향연은
끝없는 빗살을 펄럭이며
황홀한 지평을 넘나든다

배롱나무에 기대어

가을은 역마살을 앓는다
지친 가지들의 안부를 묻고
뼛속 깊이 파고드는
싸늘한 벽을 더듬는 긴 그림자
여윈 잎들이 마른 손 내민다
푸른 허공을 나르며
계절의 출구를 나선다
이별의 전입신고를 하는 낯선 나뭇잎
차가운 광장의 허허로움은
가슴앓이하는 옹이가 되어
또 다른
겨울 계곡의 능선을 오른다

별의 개안

안개비가 타오르는 어둠 속
능선을 헤쳐 나가는
홍매화가 잎을 벌린다
해안에 갇힌 불빛은
몽환에 젖어 헤매면서
꽃샘바람을 들이킨다
희뿌연 덫에 걸려 밤이슬이
공중 부양을 한다
긴 그림자 밟으며 가는 등 뒤로
신새벽 산마루에 눈을 뜨는
하현달이 머물고
푸른 허공으로
바다 물빛을 건져 올린다
어둠을 걷어낸 응달에서
움츠린 빈 가지들이 절규한다
외톨이 대추나무 동면을 하고
봄꽃으로 기지개를 켜는
서쪽 하늘에 별 하나 떨고 있다

천둥소리

아파트 물받이에 떨어지는 빗소리를 들으며 잠을 청한다

안개보에 쌓인 수평선 허물어져 내리고
먼바다를 꿈꾸는
산골짜기 좁은 계곡
폭우로 쏟아지는 굵은 빗줄기에
강물 되어 작은 호수를 이룬다

한밤중 요란한 천둥소리에
오래된 향나무는 쓰러지고
별빛 품은 늙은 나무는
벼락을 맞아
내 그리운 어머니 목도장으로 돌아와
물안개에 젖어 창가에 내려앉는다

추석날

불타는 영혼 하나 제상에 차려진다
선한 일을 도모했던 우리들의 영웅
메뉴는
그릇마다 온갖 바다를 채워놓는다
멀리 창으로 날아드는
한줄기 향불 피어오르고
타오르는 촛불은
먼 길 떠난 그대 힘찬 호흡을 내뿜는다
세상의 길은 항상 빛나고
그대가 넘나드는 험한 골짜기와 언덕에서
환한 개척의 힘찬 결의를 일으켜 세운다
그대 그리운 눈빛과
번쩍이는 이마를 생각한다

부곡 온천

미소를 잃은 장성들이
행인들을 물끄러미 건너다본다
부곡하와이 수영장은 폐허가 되고
물을 휘젓던 아이들은 흔적이 없다
적막은 켜켜이 주름진
계곡의 능선을 말아 올린다
어수선한 바람의 소음은
맑은 햇살에 스며든다
봄을 기다리는 고목나무의
옹이진 가슴 깊숙이
빈둥지증후군은 자라나고
작은 햇실 한 줌 불러들여
아픈 상처 다독인다
동면에 접어든 늙은 나무를 흔들며
허공을 배회하던 새 한 마리
마른 나뭇가지에 내려앉는다

시월의 참사 1

도시의 희미한 불빛은
어둠을 외면한 등 뒤로
꺼지지 않는 등불을 밝혀 든다
휘돌아 가는 뒷모습은
끝없이 추락하고
노랗게 젖어드는 잎들은
찢어진 깃발이 되어 펄럭인다
어디선가 다급한 구급차 싸이렌 소리
저물녘의 적막을 흔든다
고독은 요란스럽게 지나간다
혼돈의 시대가 창궐하고
내일을 여는 햇살 한 조각 꿈꾼다
시월은 심한 몸살을 앓으며
기나긴 서러움을 토해낸다

시월의 참사 2

테라스에 날아든 까치 한 마리
이른 아침의 빗장을 연다
마른 잎사귀
한 장 남은 카렌다로 펄럭이고
빈 공간을 채우는 허공 속으로
철새 떼 날아든다
멀리 바지선 침묵의 바다를 열며
뿌우연 안갯속을 가른다
능선을 넘는 소문들을
퍼 나르기에 바쁜 시간들은
찬바람으로 흘러내리고
사을의 틈 시이로 긴 잠수를 한나
너는 다시 비상을 꿈꾸며
작은 날개 퍼덕인다

외출

여행지의 아침은 평화로웠다 누군가 호텔 문을 부술 듯 두드린다 뭔가 긴급 상황이다 주술에 걸린 듯 나는 잠시 얼어버렸다 C호텔 1905호실 검은 연기가 복도를 메웠다 생존 본능의 공포감이 휘몰아쳤다 소방관의 작은 플래시 불빛 따라 계단을 달렸다 몰려오는 발자국 소리가 점점 가까이 다가왔다 어느 행성으로 탈출을 해야 할까 방향을 잡을 수 없었다 언제 어린 왕자를 만나게 될 건가 조명등 불빛은 사라진 지 오래다 헬기 소리 요란스럽다 지금 난 꿈을 꾸고 있다 단지 몽환의 세계에서 몸 둘 곳을 잃었다 불길을 피해 위층으로 다시 1층으로 내려선다 그날은 환청이거나 불길 속이거나 종잡을 수 없었다

정월

솟대가 키를 세우는 바닷가 빈터로 간다
하얀 물거품이 파도 소리 삼키는 저녁
테트라포드가 지킴이로 앉아있다
사람들의 웅성거리는 소리 해안선을 메우고
달빛 긴 그림자는 파도에 잠겨 있다
치솟아 오르는 함성이
불빛 따라 간절한 기도를 하고
보름달 닮은 그대 얼굴에 젖어 든다
보이지 않는 염원은 붉게 그을린 얼굴에
별빛 날개를 달아 허공으로 타오른다
염원은 달빛으로 일렁이는 바램으로 젖어
대나무 마디마디 터지는 축원이
물살 따라 맴돈다

집으로 가는 길

휘돌아 나가는 적막한 골목길
하나둘 불빛이 스며들고
가는 길을 서두른다
오래된 향기 묻어나는
잔잔한 뜨락에
죽은 듯 숨죽이고 서 있다
언 발등 위로
외발로 버티는 새 한 마리
마른 풀잎 들썩이며 둥지를 찾는다
긴 기다림의 저쪽
따뜻한 향기가 피어나고
포근한 내일의 꿈을 꾼다
돌아서면 집은 아직 멀리 있고
나는 추위에 떨며
처마에 매달린
등불을 우러러본다

해설

아름답지만 덧없는 풍경에 눈을 맞추다
―양선빈 시의 세계

정훈(문학평론가)

　사람이 동물과 다른 점은 자신의 존재 방식을 의식하고 반성하는 능력이 있다는 점이다. 이러한 반성 의식을 추동하는 가장 기본적인 전제는 시간과 공간의 자각이다. 삶이 덧없다거나, 삶이 아름답다거나 하는 인간의 판단 능력은 이러한 시간과 공간에 대한 범주를 설성하고서야 가능하다. 우리는 삶이 결국 '죽음'이라는 상태로 나아가는 생명의 과정이라는 사실을 잘 알고 있다. 또한 한편으로 고귀하고 소중한 생명에 대한 성찰은 우리를 삶의 의욕과 긍정적인 태도로 이끈다. 삶과 죽음을 포괄하는 드넓은 생명 현상이 우리에게 선사하는 유·무형의 가치가 존재의 의미를 더욱 풍부하게 할 뿐더러, 우리가 살아가면서 반드시 알아야 할 것들이 무엇인지 깨닫게 한다. 생각하는 동물인 인간에게 주어진 이러한 능력과 인식적 특징은 문화예술의 정수라고 할 수 있는 시에서 감성 형식으로 드러난다. 시는 세계를 시인의 개성적이고 독특한 인식 방법을 통해 표상하고 형상화한다. 여기에는 시인 개인의 체험에서 비롯한 세계 인식과 함께, 시인이 다루는 대상과 존재가 시인에게 어떤 의미로 다가오는지 알 수 있게 한다.

 시인에게 삶의 터전이자 무대로서 이 세계는 여러 방식과 목소리로 시인과 대화를 나눈다. 특히 양선빈의 경우 풍경을 언어로 스케치하면서 자신의 감성과 느낌을 형상화하는 데 주력하는 시인이라고 볼 수 있다. 시인은 풍경에서 평소 삶의 인식과 가치를 반영하고, 풍경에서 빨아들인 세계 표면의 무늬를 새로운 시적 방향으로 직조한다. 시인이 묘사하는 풍경 속에는 계절과 시간, 그리고 공간 및 일상 속의 특정한 기억과 관련된 단면이 들어 있다. 얇게 썬 채소의 절단면처럼 그것은 투명하거나 속이 훤히 들여다보이는 또 다른 세계로 독자를 잡아챈다. 시집에 실린 시편들 하나하나에 시인이 살아왔던 일상의 체험이 고스란히 드러나 있지는 않지만, 평소 알록달록한 이 세계가 내비치는 여러 다양한 속성이 시인의 감성적 인식에 한 번 걸러져서 순정한 시 언어로 거듭나는 것이다.

  예고도 없이 불쑥 튀쳐나온 야생 여우가
  빙판 위를 헤매고 있다
  마을 어귀 키 큰 상수리나무가
  앙상한 팔을 흔들며

선 채로 장승이 되어 첫눈을 맞는다
봄인 듯 유혹의 착각 속에 얼음꽃을 매달고
오솔길은 먼 길을 떠난다
입동 무렵 햇살이 싸늘하다
강가의 갈대 흐르는 물빛 따라
제 모습 드러내고
투명 거울 속으로 잠수를 한다
설핏 숲을 스쳐가는 마을 변두리
후박나무 빈 가지가 계절을 날려 보낸다
아이들은 저만치서 왁자지껄
시린 손등을 불고 있다
길은 넘어졌다가 다시 일어선다
—「겨울 변방 3」

 을씨년스러운 한겨울 숲이나 들판에서 언젠가 한 번쯤 본 듯한 풍경을 떠올리게 하는 시다. 겨울을 앞둔 입동 무렵 마을 변두리는 아마 들판과 논, 그리고 야트막한 산으로 접어드는 어귀쯤 위치해 있을 것이다. 변두리를 천천히 잠식하는 초겨울 풍경은 그리 따뜻해 보이지는 않는다. 곧 겨울을 나기 위해서 사람들은 곡식을 쟁여둬야 하고, 나무를 비롯한 식물은 그간 풍성했던 이파리와 열매를 땅으로 떨군 채 봄이 오기만을 기다려야 한다. 논밭을 가득 메웠던 수많은 곡식과 채소 또한 점점 차가워질 땅이 풀릴 때까지 씨앗을 보관해야만 하는 시기인 것이다. 겨울이 다가옴에 따라 모든 생명은 저마다 지녀온 습속과 본능에 따라 겨울나기 채비를 한다. 시인이 바라보는 겨울의 풍경은 스산하고 을씨년스럽기는 하지만 자연의 순환에 아무 말 없이 따라나서는 존재의 무늬로 남는다. 차가운 계절이 당도할 무렵의 세상이기는 하지만 결국 "길은 넘어졌다가 다시 일어"서는 오랜 진실을 보여주는 모습에서 시인은 시린 눈 덥혀줄 시간의 얼굴을 기다린다. 위 시는 이미지가 전면에 나와 있기에 메시지는 숨겨져 있다.

  메시지가 전면에 드러나지 않고 이미지가 환한 시는 세상을 들여다보는 시인의 눈길이 대개 직접적이면서도 순수한 경우가 흔하다. 풍경은 세상의 속내를 밝혀주는 또 하나의 증거이기도 하다. 시인은 풍경 속에 잠재해 있는 세계의 속앓이와 내면의 목소리를 듣고자 한다. 계절의 흐름이나 생명이 나고 지는 모습이 그리는 풍경은 새삼 아름다움이 무엇인지 생각하게 한다. 시인은 이 세계에서 아름다움이 생겨나고 스러지는 모습을 보고서는 자신 속에 감춰져 있는 진실어린 마음을 발견하는 사람이라고 할 수 있다. 마음의 진실이 형성되는 데 기본이 되는 토대는 체험이다. 체험은 세계와 자아가 주고받는 모든 형식의 커뮤니케이션을 포함하는 개념이다. 그것은 감각적 실천을 통해서 형성된 의식이 다시 감각을 재구조화하는 복잡한 과정에서 점점 굳어져 가는 이 세계에 대한 개인 경험의 복합적인 총체이다. 그래서 체험은 개인마다 조금씩 달리하면서 자신만의 빛깔을 띠게 마련이다. 그런데 개인의 체험은 보편적인 인간 경험의 양상으로 수렴되기도 한다. 그래서 우리가 아름답다고 느끼는 대상이나 이미지는 대개 특정한 개인뿐만 아니라 모든 사람이 오래

전부터 느끼는 보편적인 아름다움인 경우가 흔하다. 시인은 그 보편적인 아름다움을 자신만의 체험과 감각으로 육화하는 존재다.

> 넓은 들판으로 나선다
> 멀리 몽환의 해안선이 걸려 있고
> 마른 숲 광장을 지나
> 이정표 없는 길을 간다
> 울타리 너머 장미 한 송이
> 유혹의 손길 멈추지 않는다
> 산사에 걸려있는 목어는 졸고 있고
> 떠돌이들은 끝없는 방랑의 길을 떠난다
> 헤매는 길 위에서 스님들의
> 깎은 머리가 햇볕에 반짝인다
> 그대 어깨는 비스듬히 기울어지고
> 입술에서는 거침없이
> 반야바라밀다심경을 뱉어낸다
> 길은 허공 속으로 숨어버린다
> ―「낯선 풍경 속으로 2」

위 시에서 시인이 바라보고 있는 풍경은 시제에서도 나타나듯이 낯설다. 시의 화자는 이런 낯선 풍경 속으로 걸어 들어가며 느끼고 본 이미지를 형상화했다. 이 낯선 풍경 속에는 들판, 숲, 장미, 산사, 스님 등이 놓여 있다. 그림 같은 이미지에서 시인은 하염없이 떠도는 존재를 떠올린다. 우리 인생을 흔히 쓰는 말로 나그넷길이라고 본다면, 위 시는 그런 우리 인생과 삶을 짧게 압축한 시라고 말할 수도 있을 것이다. 평소 지각하는 삶의 의미가 나그네의 여정처럼 하염없이 떠도는 일이라 생각하고 있으면서도, 어느덧 갑자기 눈에 들어오는 풍경이 낯설 때가 간혹 있다. 시인에게 느닷없이 들어온 이미지가 낯선 까닭은 무엇일까. 늘 보아왔던 존재와 대상이 낯설어 보일 때 느끼게 되는 인상은, 먼 이국의 풍경처럼 우리를 어쩔 줄 모르게 만든다. 길이 허공 속으로 숨어버리는 인상마저 들게 하는 것이다. 이렇듯 낯선 세계 속에서 살아가는 우리다. 우리는 삶을 자기의 방식과 생각으로 영위하지만, 순간순간 자신의 존재를 옭아맨다. 이 세계를 오랫동안 지켜보면서도 결국 수수께끼처럼 의문부호만 던지고 사라지는 세계에서 우리는 어떤 포즈로 살아갈 수가 있을 것인가. 시인에게 그런 풍경은 낯설 수밖에는 없을 것이다. 시인이 품은 의문은 모두가 살아가면서 한 번쯤 생각하게 되는 존재의 질문이기도 하다.

> 먼바다는 허공을 길어 올리는
> 바닷새를 날려 보낸다
> 빈 수평선을 끌어당겨
> 마른 숲 사이를 지나간다
> 인기척 뜸하면 출렁이는 목조 다리 건너
> 별빛들 촘촘히 불러들이고
> 구름 떼 몰고 가는 하늘은
> 겨울 열차를 탄다
> 떠돌이들은
> 어느 스타벅스 창가를 기웃거린다
> 마스크에 가려진 시간들

밀린 수다는 적막을 삼키고
잃어버린 언어들이 허공에서 출렁이면

바다의 끝자락은 강물 속에서 다시 태어난다
—「겨울 산책 4」

  양선빈의 시에서 묘사된 풍경에는 일상에서 흔히 마주 보게 되는 풍경을 시인만의 정조와 이미지로 채색되어 있다. 시인은 스산한 존재와 세계가 발하는 빛깔을 잿빛 언어로 색칠한다. '겨울'이 주는 이미지는 굳이 설명하지 않아도 알 것이다. 생명의 쇠락과 차디찬 기운이 안겨다 주는 존재의 을씨년스러움이 전면을 가득 채운다. 모든 게 꽁꽁 얼어붙거나 그간 함께 했던 것들을 떠나보내는 이별의 상징이 겨울을 장식한다. 시인은 이런 겨울과 산책의 조합에서 스산한 시절을 보내는 사람들을 보면서 겨울이 주는 차가운 이미지를 더욱 증폭시킨다. 그러나 겨울은 새로운 봄을 준비하는 시간이기도 하다. "바다의 끝자락은 강물 속에서 다시 태어"나듯, 차가운 계절의 한복판에서도 다시 찾아올 봄으로 들어가는 생명의 몸짓을 느낄 수 있는 것이다. 그렇기에 겨울은 마냥 움츠리고만 있어야 하는 계절은 아니다. 우리가 겨울에서 상기되는 감각과 이미지를 시로써 형상화하거나, 그런 시를 읽음으로써 자연의 숭고함을 떠올릴 수 있는 이유도 겨울이 지나면 다시 돌아올 봄의 얼굴이 기다리고 있다는 사실을 알기 때문이다. 소원하고 희망했던 시간이 다가오기 전 가장 깜깜하거나 추울 때의 풍경이 드리우는 스산한 이미지를 시인은 그린다. 어떤 면에서는 이러한 겨울 이미지 자체로도 신비하면서도 아름다운 세계의 한 조각일 수도 있을 것이다. 겨울은 봄을 예비하는 계절이지만, 겨울이 보여주는 다양한 색채 또한 충분히 시적인 정조와 정감으로 탄생할 수 있다는 사실을 위 시를 통해서 알 수 있다.

> 2월 바람은
> 애잔한 소망을 피워낸다
> 햇무리 퍼지는 싸늘한 빛이 눈부시고
> 밀어 올리는 아침은 선명하다
> 옷깃을 여미는 한기가 뼛속을 파고 든다
> 적막 속에 갇힌
> 냉동실 보관함의 마음 한 자락
> 봄 햇살을 꺼낸다
> 펼쳐진 따뜻한 길을 내며
> 젖은 빗발 걷어낸다
> 허공으로 맴도는 길을 따라
> 몽환의 들판을 달린다
> 냉기 풀어헤친 자리에
> 손 흔드는 매화 꽃잎
> 한겨울 슬픔 녹이며
> 2월 바람이 곡예를 한다
>
> ―「2월 바람」

오랫동안 지속될 것만 같았던 겨울의 정취와 풍경도 시한이 있다. 겨울이 지나면 봄이 마중나온다. 봄의 전령은 2월부터 찾아오기 시작한다. 시인은 2월의 바람이 소망을 피워낸다고 말했다. 한겨울에 움츠렸던 생명의 온기가 봄이 되면서부터 되살아날 때 사그라들었던 꿈과 희망이 피어오르는 사실을 우리는 알고 있다. 봄이 찾아오면 모든 생명체는 눈을 틔우며, 뿌리를 내리고, 줄기와 잎의 생장이 점점 가속도가 붙으면서 길어지고 넓어진다. 사람도 마찬가지다. 그간 비축해 두었던 식량과 마음의 넓이가 바닥날 즈음, 자신이 머물던 공간을 벗어나 활기찬 생명의 운동을 통해 다시금 씨앗을 뿌리기 시작한다. 그러므로 봄은 이 세계가 다시 탄생하는 계절이 되는 셈이다. 시인은 단순한 2월이 아니라 2월 바람으로 특정함으로써, 봄을 몰고 오는 시간의 활기를 역동적으로 묘사하고자 했다. 자연은 이렇게 생명을 키우고, 에너지를 불어넣고, 생장의 법칙에서 어긋나지 않도록 스스로 제 길을 마련하기 위해 분주히 움직이게끔 추동한다. 자연은 인간뿐만 아니라 이 세계를 구성하는 모든 존재의 형식을 바뀌게 하면서, 시간의 흐름에 따라 자라고 스러지는 무한반복의 회귀를 완성 짓게 한다. 이렇게 본다면 자연이 주는 선물은 결국 모든 생명에게 값지고 존귀한 것임에 틀림이 없다. 그러나 유한한 생명인 인간의 눈으로 본다면 자연이 내미는 손길이 언제까지고 안락한 보금자리가 될 수만은 없는 것이다. 이는 영원히 돌아갈 수 없는 고향으로서, 상실한 고향을 향한 그리움을 평생 지니고 살아가야 하는 인간 운명의 속성이기도 하다. 지복한 세계 속에 자연의 운행에 따라 생명을 유지하는 인간이지만, 잃어버린 고향을 찾으려는 선험적인 의지와 그리움이 시인으로 하여금 오랫동안 시로써 노래하게 했다. 양선빈의 경우도 마찬가지다.

> 휘돌아 나가는 적막한 골목길
> 하나둘 불빛이 스며들고
> 가는 길을 서두른다
> 오래된 향기 묻어나는
> 잔잔한 뜨락에
> 죽은 듯 숨죽이고 서 있다
> 언 발등 위로
> 외발로 버티는 새 한 마리
> 마른 풀잎 들썩이며 둥지를 찾는다
> 긴 기다림의 저쪽
> 따뜻한 향기가 피어나고
> 포근한 내일의 꿈을 꾼다
> 돌아서면 집은 아직 멀리 있고
> 나는 추위에 떨며
> 처마에 매달린
> 등불을 우러러본다
>
> ―「집으로 가는 길」

시에서 '집'이 지니는 비유나 상징은 다양하다. 말 그대로 사람이 거처하는 장소이기도 하며, 마땅히 돌아가야 할 당위적인 공간으로서 형이상학적인 의미를 지니기도 한다. 집은 포근함과 안락함, 그리고 지친 심신을 회복하게 하는 곳이다. 아무튼 집은 인간뿐만 아니라 모든 생명체에게 없어서는 안 될 필수적인 공간이요 영역이다. 이러한 집이 없거나, 집에서 멀리 떠나 있을 때 비롯되는 불안감과 외로움을 우리는 잘 알고 있다. 시인은 "외발로 버티는 새 한 마리/ 마른 풀잎 들썩이며 둥지를 찾는" 이미지를 자신의 처지와 비교하면서, "돌아서면 집은 아직 멀리 있고/ 나는 추위에 떨며/ 처마에 매달린/ 등불을 우러러" 본다. 새와 화자의 대비를 통해 화자가 갈구하는 집의 형상을 쉽게 떠올릴 수 있다. 집에 돌아가야 한다는 느낌이 강하게 드는 시각이 바로 저녁이다. 혹은 밤이다. 그러나 한낮이 지나고 밤이 되었다고 해서 모든 생명이 휴식을 취하는 건 아니다. 밤에 생장 활동을 하는 생명도 분명히 존재한다. 인간의 활동은 대부분 낮에 이루어지고 밤에는 쉬거나 다음날의 활동을 위해 잠을 잔다. 그러니까 집은 오로지 쉬기만을 위한 공간이 아니라, 외부 활동을 잠시 멈추고 자신만을 위한 시간에 몰두하는 장소로 보는 게 적당할 것이다. 심신의 피로를 풀어주는 곳임과 동시에, 자기를 돌이켜보고 반성하면서 스스로 인식의 깊이를 더해가는 휴식처이자 내면의 학교로서 집은 존재한다. 위 시에 따르면 집은 "포근한 내일의 꿈을" 꾸는 곳이다. 하지만 집이 비유로 사용될 때는 물리적인 공간으로서 집보다는 내면이나 정신의 휴식처로서 의미가 강할 수밖에 없다. 이런 의미를 개인을 넘어 더욱 큰 공동체나 인류에 적용한다면 뜻은 확장된다. 인간이 태어나고 죽는 공간이 자신의 집일 수도 있고, 집과는 다른 병원이나 전혀 예상하지 못했던 공간이 될 수도 있다. 그러므로 집이란 좁은 의미든 넓은 의미든 어쨌든 인간이 끝내 지향할 수밖에 없는 공간으로 이해할 필요가 있을 것이다. 그리움의 대상이며, 반드시 돌아가야 할 곳으로서 고향과도 같은 집을 향한 감정을 시인은 노래했다.

> 성당의 첨탑 언저리에서
> 깊은 밤 울려 퍼지는 종소리
> 허공을 가른다
>
> 저녁 어스름 적막이 잦아들면
> 잿빛으로 가라앉은 거리
> 무표정의 시선들이 발걸음 바쁘다
> 부추기는 바람이 길을 서두르고
> 헐벗은 마른 가지들이
> 적멸에 든다
>
> 늦가을을 망각한 작은 장미꽃
> 애처로운 꽃잎 위로
> 북극곰자리 밤하늘을 뒤척인다
> 찬바람 불러들이는 그대 마음 밭
> 나는 호젓이 눈발을 흩뿌린다
> ―「그믐의 종소리에 기대어」

 양선빈의 이번 시집에 펼쳐져 있는 풍경에서 비롯되는 시인의 감성은 마냥 행복하거나 즐겁지만은 않다. 이는 덧없음의 자각에서 비롯했으리라. 덧없다는 말은 영원하지 않다는 뜻과도 통한다. 아름다운 장면과 자연의 한 귀퉁이에서 반짝거리면서 시인에게 다가오는 이미지가 주는 애틋함은 곧잘 시의 소재로 변용된다. 위 시에서 그리고 있는 스산한 늦가을의 풍경을 좇다보면 우리가 나날이 느끼거나 보게 되는 작은 풍경이 얼마나 소중하면서도 귀한 것인지를 깨닫게 된다. 한편으로 풍경은 시인에게 지울 수 없는 그늘을 드리우기도 한다. "저녁 어스름 적막이 잦아들면/ 잿빛으로 가라앉은 거리"에 분주한 사람들의 발걸음과, 바람과, 마른 가지들이 고요해지는 때를 생각하면 시간이 인간에게 남기는 그늘이 얼마나 짙은지 알 수 있다. 해가 뜨면 활발하던 생명도 해가 지거나 점점 차가운 계절을 맞이할 무렵의 정경에는 젖은 땅바닥에 정처 없이 엎드리고야 마는 가냘픈 생명의 형상이 다가오게 마련이다. 양선빈에게 이 모든 그림은 생명과 존재의 필연적인 귀결과, 이 생명이 닿게 되는 필멸의 복선으로 다가온다.

  시간은 어둠과 밝음, 차가움과 따뜻함, 소멸과 탄생을 영원히 지속하면서 꿈과 아울러 덧없음을 남긴다. 시간이 남기는 흔적을 훗날 돌이켜 회상해보면 아련해진다. 아련함에는 추억이나 그리움도 포함된다. 우리를 둘러싼 자연 배경이나 인간이 만든 구조물도 시간이 지남에 따라 먼 기억 속에 남겨져 있는 애틋한 그림 속 배경처럼 자리 잡게 된다. 이런 생각을 하면 인간의 삶이란 퍽이나 재미있으면서도 덧없다는 느낌을 준다. 시인은 덧없는 존재의 아름다움을 순간적으로 포착해서 그 이미지와 풍경이 우리에게 던지는 메시지를 들여다보는 사람이다. 이런 시 쓰기 과정에서 일말의 진실을 발견하기도 한다. 하지만 시인도 사람인지라, 보편적인 인간에 내재해 있는 영원한 것에 대한 그리움을 어찌할 도리가 없다.

> 달빛이
> 빈 가지 위에서 홀로 흔들린다
> 세상을 밟고 지나가는 햇살
> 따가운 푸른 날의 꿈은
> 안으로 가득히 잠재우고
> 마른 이불 덮고 언 발 녹인다
> 한 겨울밤 존재의 슬픔은
> 매화 환상에 젖는다
> 폭설 덮인 눈길을 지나 다가올
> 그대의 향기
> 동백길 강둑을 가르는 바람은 쓰리다
> 반짝이는 별빛에 잦아드는 먼 길이
> 뿌리를 내리며 흐른다
> ―「존재의 덫」

 이러한 그리움은 늘 미끄러지거나 자취를 숨기면서 그리움을 앗아가버리는 존재의 덫에 갇혀 허우적거리기도 한다. 시인은 「존재의 덫」에서 한겨울의 쓰라림이 매화 향기를 몰고 올 그대의 기다림으로 곧잘 이어지지만, 기약할 길 없는 시간의 흐름 속에서 마냥 허무함과 냉랭함의 공기에 휩싸일 수밖에 없는 화자의 안타까움을 드러낸다. 이것이 인간이 지닌 존재의 슬픔이고, 그러한 슬픔의 힘으로 시간의 흐름에 몸과 마음을 내맡길 수밖에 없는 처지를 에둘러서 나타낸다. 시인이 기다리는 봄은 바로 우리가 기다리는 봄이다. 겨울의 딱딱하고 차가운 세계를 뚫고 새로운 광명의 시간이 다가오기를 바라는 마음 간절하지만, 늘 비껴나가면서 우리를 농락하는 이 세계의 간교함에서 생명은 단련되는 것이리라. 양선빈의 시집은 이러한 세계의 공고함과 대비되는 서정적 인간의 내밀한 감성을 시로써 형상화한다. 자연이 만드는 아름다움 이면에 덧없는 시간에 대한 깨달음이 다양한 풍경의 각도로써 시화(詩化)한다.

마음에는 적막이 산다

1판 1쇄 · 2024년 10월 15일

엮은이 · 양선빈
펴낸이 · 서정원
펴낸곳 · 도서출판 전망
주 소 · 부산광역시 중구 해관로 55(중앙동 3가) 우편번호 · 48931
전 화 · 051-466-2006
팩 스 · 051-441-4445
출판 등록 제1992-000005호
ⓒ 양선빈 KOREA
값 10,000원

ISBN 978-89-7973-636-6
jmw441@hanmail.net

*저자와의 협의에 의해 인지를 생략합니다.
*이 책 내용의 전부 또는 일부를 재사용하려면 반드시 무크지 시움과 도서
 출판 전망 양측의 동의를 받아야 합니다.

*이 책은 2024년 부산광역시, 부산문화재단 〈부산문화예술지원사업〉으로
 지원을 받았습니다.